AF440355

ATTENTAT

AU POUVOIR SOUVERAIN ET A SES ŒUVRES

ATTENTAT

AU POUVOIR SOUVERAIN ET A SES ŒUVRES

DÉCISIONS

SURPRISES AUX MINISTRES PAR SUITE DE FAUX RAPPORTS

RÉCOMPENSE NATIONALE

SPOLIÉE AU PROFIT D'UN MAIRE DE VILLAGE

Bône, cette ville d'avenir, ce Paradis terrestre, qui, au moment de la conquête, renfermait dans son sein et dans sa province tous les éléments d'une prompte colonisation et d'une prospérité assurée, est encore en arrière de vingt ans sur ses sœurs de l'Algérie.

Oubliée, abandonnée à elle-même, ses habitants, indigènes ou colons sérieux, ont été livrés à l'intrigue, à la spéculation, à l'usure et à la spoliation; la majeure partie ont été ruinés!!!

GUÉRIN-TOUDOUZE père.

Membre des Sociétés coloniales, créées à Alger et à Bône, en 1832 et 33, auteur de plusieurs mémoires dans l'intérêt de la colonie.

ALGER

IMPRIMERIE ALGÉRIENNE DE DUBOS FRÈRES

1859

Le J. Millot

C'est les rivees de Jourdain
suet qui a été déja aux 1.es Sieges
du Prince Clow qui était Roi de
Hollande — il a été fait par
un General en passant la Rivière
aff. Chou

A S. M. NAPOLÉON III

Sire,

Sylvie et Laurence Milliot, propriétaires à l'Edough, près Bône, viennent dévoiler un acte de spoliation monstrueuse, exercé envers elles, par suite de faux rapports et de l'influence occulte d'un maire de commune, récemment nommé membre du conseil-général du département de Constantine.

Une récompense nationale était due à Antoine-Jean-Honoré Milliot, natif de Paris, neveu de l'abbé Milliot, aumônier du duc de Richelieu, avec lequel il resta des années à Odessa.

Rentré en France, M. le duc de Richelieu, devenu ministre, qui, nombre de fois, eut occasion d'utiliser les connaissances de Milliot, le détermina à accompagner au Thibet M. Amédée Jaubert, orientaliste, interprète de Napoléon 1er, en Egypte et en Syrie, devenu plus tard pair de France, pour y chercher et ramener à Paris, le premier troupeau de chèvres si précieuses, qui ont permis à M. Ternaux, en les naturalisant, de créer en France la riche industrie des cachemires qui rivalisent avec ceux des Indes.

Les dangers que Milliot a courus en s'exposant gratuitement à toutes les chances d'un si long et si périlleux voyage, et cela plutôt dans un but d'intérêt national que guidé par un sentiment de lucre, ne pouvaient certes rester ignorés et sans récompense. Pour que l'on puisse apprécier judicieusement les faits, il faut les diviser en deux périodes.

Première Période

Le 24 février 1845, il était fait concession à Milliot, de 400 hectares de terres en friches, sur le versant oriental de la montagne de l'Edough, en dehors et avant d'arriver à la forêt par la route de Bône (décision ministérielle n° 1061); et le 21 juillet 1845, en vertu d'une ordonnance du même jour, il lui fut délivré un titre de possession *provisoire* (décision n° 4432).

Après des travaux considérables de défrichement, de construction, et une dépense de plus de 20,000 fr., une ordonnance souveraine et spéciale du 21 juillet 1846, n° 231, accorda à Milliot, la *concession définitive* des 400 hectares, en dehors de la forêt, et par conséquent de la *juridiction forestière*, avec laquelle la délimitation avait été faite contradictoirement.

Milliot est décédé le 25 octobre 1846.

Suivant lettre ministérielle du 22 juin 1848, ses deux sœurs, qui exploitaient avec lui, furent reconnues seules à ses droits sur la concession.

Le souverain avait règlementé les conditions de la concession, fixé les époques du paiement de la rente et les autres conditions, déterminé pourquoi et comment il pourrait y avoir lieu au retrait de tout ou partie de la concession, après avoir entendu le titulaire, et après les formalités prescrites, suivant l'ordonnance du 21 juillet 1845, *sauf son recours à l'autorité souveraine.*

Un sieur Bergasse arriva dans la forêt comme gérant d'une exploitation de liéges. Il s'installa à deux kilomètres des demoiselles Milliot. Se trouvant au milieu d'un certain nombre d'ouvriers, pour se faire craindre et avoir le droit de commander, *il se fit* nommer Maire; et dès qu'il eut obtenu ce titre, il convoita la concession Milliot; mais, ne pouvant l'obtenir à vil prix, il menaça les demoiselles Milliot de faire prononcer contr'elles un arrêté de déchéance, et de se faire accorder la concession Mil-

liot, par son crédit et son influence (outre les protecteurs
haut placés qu'il avait à Paris, M. Bergasse se disait pro-
che allié du maréchal Randon, alors gouverneur-général
de l'Algérie, et certes, si cela était, son crédit devait
être grand auprès des administrateurs algériens.)

Les obligations de défricher et de bâtir étaient remplies. Il restait à amener des chèvres et des moutons;
mais les lois forestières interdissaient leur présence chez
les riverains de la forêt; puis, la température de l'E-
dough, à 1000 mètres au-dessus de la mer, était un obsta-
cle insurmontable; aussi, avant son décès, Milliot était-il
en instance au Ministère pour obtenir une concession
de 100 hectares à Duzerville, pour y mettre ses bestiaux
pendant la saison d'hiver (Lettre ministérielle du 22 juin
1848, n° 248).

L'obligation d'appeler des fermiers européens, était
aussi impossible à remplir que celle de l'élève des bestiaux, par le peu de sécurité qu'il y avait à l'Edough.
Quelques exemples le prouveront d'une manière péremp-
toire :

La femme d'un colon, madame Vuillet, a été trouvée
pendue à moitié route de Bône ;— le gardien des glacières
a été volé et assassiné à sa baraque; — un des domesti-
ques des demoiselles Milliot a été tué à la porte même de
la ferme, au moment où il rentrait le bétail; — les ma-
raudeurs leur ont volé plus de vingt vaches et bœufs; —
ils se sont introduits jusques dans l'étable, en perçant
une porte, dans un mur de 50 cent. d'épaisseur —et ces
demoiselles, elles-mêmes, attaquées dans leur maison,
ont été obligées d'avoir recours aux armes, et n'ont dû
leur salut qu'à leur énergie.—Les lions, les panthères et
les hyènes venaient, en plein jour, enlever les bestiaux,
en présence de gens de la ferme; aussi aucun domestique
européen, aucun fermier ne voulait s'établir à l'Edough.
Il fallait, vraiment, un courage héroïque pour se maintenir à la ferme, et les demoiselles Milliot ne doivent leur

salut qu'à la résolution par elles prise, de faire abnéga-
tion de leur instruction et de leur position sociale, pour
s'identifier avec les mœurs des indigènes voisins, vivant
comme ces derniers, et se livrant aux plus rudes travaux
avec un courage et une persévérance peu communs.

Eh bien ! malgré tout ce qu'elles ont fait dans le but
de remplir, et au-delà, les obligations qu'on leur avait
imposées et qui étaient possibles de l'être, depuis la
première décision ministérielle jusqu'à ce jour, c'est-à-dire
pendant dix ans, on a complètement paralysé toutes leurs
facultés : on les a empêchées de prendre le bois nécessaire
aux réparations de leur ferme ; on les a empêchées, même,
de disposer des arbres coupés sur leur propriété du vivant de leur frère, lorsqu'on livrait aux étrangers, pour
faire des gourbis, des arbres leur appartenant, à elles,
quoique le Directeur de la forêt n'eût aucun droit sur
leur propriété. Enfin, elles ont eu à supporter des vexations qui révoltent l'homme consciencieux, et qui ne sont
que le résultat de l'intrigue et de la surprise ; vexations
qui, en portant atteinte à l'autorité souveraine, ne peu-
vent que faire perdre la considération que l'on doit à
l'administration du Gouvernement.

Il suffira de citer sommairement quelques-uns de ces
actes vexatoires, pour y découvrir une trame des mieux
ourdies et l'arbitraire le plus absolu.

L'ordonnance royale fixait l'époque du 1er paiement
de la rente à trois ans révolus après la notification d'icelle
(ordonnance du 21 juillet 1846, bulletin n° 231, qui n'a
été promulguée en Algérie que le 12 novembre 1846). Et
l'ordonnance ne fixant pas que la rente dût être payée
par année, il résulte que le premier paiement ne devait
donc avoir lieu que le 12 novembre 1850 ; mais, soit que
des rapports mensongers aient été faits contre les demoiselles Milliot, rapports qui ont pu faire supposer au Ministre que les obligations imposées aux concessionnaires
n'auraient pas reçus d'exécution ; soit que l'influence de

gens haut placés ait réussi à briser le fléau de la balance de la justice et de l'équité, malheur qui arrivait souvent avant que S. A. I. le Prince Napoléon fut chargé de faire revivre l'Algérie rendue à l'état de cadavre, et malgré toutes les dépenses et tous les travaux faits, une décision ministérielle datée du 10 *avril* 1,849, par anticipation de dix-huit mois avant l'époque fixée par le règlement du souverain, contenu dans l'ordonnance du 21 juillet 1846, pour l'exécution des conditions, en anéantissant, de plans, cette ordonnance, fait purement et simplement retour à l'état de la totalité des 400 hectares de terres donnés à Milliot à titre de récompense nationale. Cela ne serait pas arrivé si on avait agi en se conformant aux termes de l'ordonnance du 21 juillet 1845, ce qui prouve que les rapports étaient faux, c'est que les inspecteurs de colonisation, prédécesseurs de M. Montagu, étaient tous favorables aux demoiselles Milliot, tandis qu'on suppose que M. Montagu seul était opposant.

M. Soubeyran, alors Sous-Directeur, qui sans doute avait connaissance des ménées faites contre ces demoiselles ne pût s'empêcher de dire à haute voix devant toutes les autorités : ce serait une injustice criante de les déposséder.

Une pareille décision, il faut le dire, fit honte à ceux mêmes qui l'avaient surprise; on voulut y porter remède; mais le prétendu protégé de l'autorité supérieure couvait de l'œil depuis trop longtemps la concession Milliot. . . . . . et puis, n'appartenait-il pas à cette classe de privilégiés qui ont fondé la féodalité algérienne . . . . .! et *le* 10 *mai* 1849, une nouvelle décision, en modifiant l'ordonnance souveraine et le règlement y contenu, accordait aux demoiselles Milliot 50 hectares de terres autour de leur ferme, avec cette clause que : si toutes les conditions ne sont pas remplies le 31 juillet 1849, par anticipation de 8 mois, elles seraient déchues et expulsées.

— Et pour que les demoiselles Milliot ne pussent se

pourvoir contre cette décision et la faire réformer, on ne leur fit pas même la notification suivant la loi.

DEUXIÈME PÉRIODE.

Il fallait pourtant, pour donner à cet odieux acte de *spoliation* une forme légale, créer de nouveaux moyens, et les convoiteux sont maîtres passés en cette partie. On fit faire, autour de la ferme, par le *garde champêtre de M. Bergasse*, et par des géomètres, des délimitations qui réduisirent la concession à 53 hectares, puis à 50, à 40 et enfin à 29 hectares, selon que M. Bergasse avait plus ou moins besoin d'étendue pour son exploitation.

Il serait, sinon inutile, du moins trop long de faire connaître toutes les ruses et tous les moyens employés pour faire arriver les demoiselles Milliot à une cession de leur propriété ; mais nous mentionnerons 1° des lettres que leur ont adressées MM. les Préfet et Sous-Préfet, par lesquelles ces fonctionnaires offrent aux demoiselles Milliot de leur faire payer les dépenses qu'elles ont faites, et de leur donner une concession définitive de 20 hectares, exempte de tout droit de retour, si elles renoncent à la récompense accordée à leur frère, 2° la démarche faite auprès d'elles par l'Inspecteur de colonisation, M. Montagu, démarche faite dans des conditions vraiment dérisoires ; en effet : M. Montagu demeurait chez le Maire (M. Bergasse) ; il arrive un jour, à toute bride, chez les demoiselles Milliot, et ne trouvant que Sylvie, il lui dit : « Signez ce » papier, c'est pour votre concession, j'ai arrangé cela. » C'est en vain que la demoiselle Milliot le pria de descendre de cheval et de lui donner connaissance de l'acte qu'on lui présentait à signer : « mes compagnons m'attendent ; » répondit M. Montagu, « signez, signez. » Heureusement pour la demoiselle Milliot, qu'au lieu de signer, elle écrivit une protestation de nullité de toutes ses forces sur l'acte même ; puis, ayant remis le pli à l'inspecteur de colonisation, ce dernier partit au galop. — On verra plus loin quel a été le résultat de la déception éprouvée par ce fonctionnaire.

Il restait un nouveau moyen à employer pour essayer de dégoûter les demoiselles Milliot de leur propriété. Nous l'avons déjà dit : les adversaires étaient passés maîtres en cette partie.

D'après les délimitations dont il a été parlé plus haut, la propriété des demoiselles Milliot fut restreinte dans un espace que l'on disait être de 29 hectares, autour de la ferme, mais sans qu'elles pussent savoir ou étaient les limites de leur propriété, n'ayant reçu aucune copie de plans. — De cette manière, toutes les fois que leurs bestiaux dépassaient les prétendues limites, les demoiselles Milliot, qui, depuis six ans qu'elles habitaient leur concession, avec un troupeau qui dépassait 400 têtes, n'avaient jamais eu de procès-verbaux de contravention, s'en virent accablées, soit par le garde champêtre du Maire, soit par les gardes forestiers qui outre-passaient les limites de leur juridiction et dressaient, dans la propriété particulière (les 400 hectares en dehors de la forêt) procès-verbaux sur procès-verbaux de contravention; ils étaient signés par M. Bergasse ou par son adjoint, ou bien encore par le juge de paix de Cadenet, habitué de la maison Bergasse.

Des jugements, suivis d'appels inutiles, des condamnations qui s'élevèrent à 1,500 francs environ, — la saisie de leurs bestiaux que l'on confia à la garde du garde-champêtre du Maire *(Bergasse)*, garde salarié et qui ne cessa ces fonctions qu'après 71 jours, — affiche de vente, arrestation et emprisonnement de l'une d'elles, sans avertissement préalable, pour une contravention en matière forestière, lorsque le jugement ne prononçait pas la contrainte par corps, tel fut le résultat des machinations tramées contre les demoiselles Milliot.

Il faut ajouter ici qu'on laissa ignorer à Sylvie Milliot le motif qui la faisait conduire en prison pendant cinq jours. Si elle l'eût connu plus tôt, elle aurait payé immédiatement ; il ne s'agissait que de 40 francs.

Le mandat d'arrêt avait été lancé contre les deux sœurs ; une d'elles, Sylvie, se dévoua, et elle fut conduite à travers la ville, par les gendarmes, comme une criminelle. Ce n'est rien encore : après avoir payé comme contrainte et forcée pour racheter leur liberté, les demoiselles Milliot, pour éviter de nouvelles poursuites vexatoires, le terrain dans lequel on les avait resserées étant défriché et cultivé en totalité, et n'ayant point d'endroit pour le pacage de leur troupeau, elles se virent contraintes de le vendre presqu'en totalité, ne gardant qu'une vingtaine de vaches, bœufs et génisses, sauf à racheter aussitôt qu'elles auraient obtenu une décision favorable. En attendant cette décision on avait exigé de Sylvie et de Laurence des preuves de solvabilité, et l'ordonnance du 21 juillet 1846 ne le prescrivait pas. Toutefois, espérant en sortir, elles justifièrent par acte notarié, outre la dépense de 20,000 fr. faite sur la propriété, de rentes sur l'Etat, à leur nom, d'une créance de 7,000 fr. à Bône conservée par hypothèques, enfin d'une créance hypothécaire de 90,000 fr. de principal, dont les intérêts sont accumulés depuis 1833. Cette créance conservée sur des propriétés considérables en Géorgie, à la vente desquelles on procède en ce moment (voir l'avis donné par l'ambassadeur de Russie dans le journal le *Siècle*, du 16 juin 1858), par les soins de Monseigneur le Prince Vorousaf, gouverneur de Tiflis et mandataire spécial des demoiselles Milliot.

Pour donner une apparence véridique aux innombrables procès-verbaux dressés contre Sylvie et Laurence Milliot, de même qu'aux actes de poursuite, que l'on voulait faire voir libre de toute animosité, M. Bergasse alla déclarer à la Sous-Préfecture que les cochons de la ferme des demoiselles Milliot allaient ravager sa propriété, située à plus de 2 kilomètres de cette ferme et où pour y aller il faut traverser le village de Bugeaud et celui des forestiers, où il s'en trouve une grande quantité.

Le Conseil de Préfecture est convoqué, sans que les demoiselles Milliot *fussent appelées*, pour, dit-on, statuer sur le mutisme de ces demoiselles à satisfaire aux obligations imposées par l'ordonnance, et à refuser 29 hectares en renonçant à 371... Il ne s'agissait rien moins que d'obtenir le retrait total de la concession. En effet le Préfet et l'Inspecteur de colonisation conclurent à ce que la concession fût retirée, mais les autres membres du Conseil furent d'avis de donner 29 hectares affranchis de tout droit de retour.

Pendant que cet arrêté était soumis à l'approbation du Ministre, le sous-préfet écrivait aux demoiselles Milliot : » Votre concession vous sera retirée, le Ministre vous restreint à 29 hectares, mais nous ferons tous nos efforts pour » qu'ils vous en accorde cinquante. » Cela justifie les faux rapports et la surprise faits au Ministre.

« Je vous conseille d'accepter, disait-il, la valeur de vos » dépenses dont l'administration vous tiendra compte » (comme si l'administration faisait de pareilles opéra- » tions), et l'on vous donnera 20 hectares ailleurs. »

C'étaient juste les offres faites par M. Bergasse ou ses agents.

Le Ministre, qui avait reçu une lettre des demoiselles Milliot, répond : « j'ai cru devoir approuver la déli- » bération des membres du Conseil en vous accordant » 29 hectares, malgré l'*avis plus rigoureux* de M. le préfet » et de l'inspecteur de colonisation. »

Pour sortir de ce pas, M. le préfet fait dresser un projet de concession de 29 hectares, où il insère la renonciation au 371 excédants, conserve toute la rigueur de la clause résolutoire, et comme on se doute que les demoiselles Milliot ne signeront pas, faute de paiement et d'exécution des obligations, on assigne de suite devant le tribunal de Bône, au nom du préfet, et on conclut à la résolution. Si elle avait été prononcée, le jugement remplaçait la première décision ministérielle, le retrait total avait lieu, la spoliation était consommée. Mais le tribunal de Bône, devant lequel les demoiselles Milliot étaient appelées pour la première fois à se défendre, ne trouvant pas d'obligation de leur part à remplir, se déclara incompétent; déclara le préfet de Constantine non recevable dans sa demande et le condamna en tous les dépens.

Les demoiselles Milliot se sont présentées au bureau des domaines pour acquitter la rente des 400 hectares; mais l'employé de cette administration refusa et ne voulut recevoir que le montant de la rente des 29 hectares. Si elles avaient payé, c'eût été de leur part un approbation et un acquiescement à se voir spolier.

Les demoiselles Milliot ont cru devoir faire part au Ministre de cette nouvelle tribulation, en réclamant de nouveau son intervention pour le maintien de l'ordonnance du Souverain. Fatigué sans doute de cette affaire, le Ministre renvoya la réclamation au préfet en l'invitant à faire connaître aux demoiselles Milliot, qu'il ne pouvait être donné suite à leur réclamation, et qu'il ne serait plus répondu à celles ayant le même objet, qu'elles croiraient devoir formuler par la suite.

L'habitation de M. Bergasse étant la seule et unique maison de campagne ordinaire des autorités et des personnes influentes de Bône, qui vont y passer avec leur famille la belle saison, il ne tarda pas à avoir connaissance de ce dernier avis, que l'on fit transmettre aux demoiselles Milliot, et il se croit déjà propriétaire du tout.

Le sieur Bergasse, après avoir tracassé, obsédé et paralysé pendant dix ans les demoiselles Milliot dans l'exercice de leurs droits à la récompense nationale accordée à leur frère, au droit de concession définitive résultant de l'ordonnance du 21 juillet 1846, vint on ne sait comment ni en vertu de quel titre, sanctionner la spoliation par une prise de possession des 371 hectares qu'il était parvenu à faire retirer par les décisions sus énoncées, et priver ainsi ces demoiselles des bénéfices qui devaient être la récompence des dangers qu'elles avaient courus, et cela, malgré l'ordonnance du 21 juillet 1846, et en portant atteinte aux droits du Souverain, attentat prévu par la loi.

Depuis le premier novembre 1858, le sieur Bergasse a mis plus de cinquante ouvriers dans la propriété Milliot ; il fait couper des arbres ; il fait faire, par un sieur Auboyer, qui occupe une vingtaine d'ouvriers, du charbon et des fagots ;—enfin, et malgré les protestations judiciaires des 29 octobre et 8 novembre 1858, des demoiselles Milliot, avec sommations au sieur Bergasse de faire connaître ses titres, cette exploitation se transforme en une dévastation, qui finira par anéantir la valeur réelle de la propriété.

SIRE,

Dans cette position, les demoiselles Sylvie et Laurence Milliot qui avaient rempli toutes les conditions exigibles et possibles, et qui malgré cela ont été paralysées dans tous leurs moyens d'exploitation, par l'intrigue malveillante du sieur Bergasse; qui ont même été mis dans l'impossibilité de s'établir convenablement, supplient Votre Majesté d'intervenir ou de faire intervenir les antorités compétentes, dans cette question d'ordre public : 1° pour faire réprimer la violation faite à la charte; 2° pour maintenir dans toute leur intégrité, les ordonnances et les réglements du Souverain ; pour empêcher que des ordonnances souveraines soient annihilées, par des décisions ministérielles; 4° pour que des décisions ministérielles ne soient pas, à leur tour, annulées par des arrêtés de préfecture ; 5° enfin que l'on n'arrive pas par des moyens, comme ceux employés dans cette affaire, à annuler une ordonnance souveraine, et à livrer au mépris les réglements qu'elle contient et les œuvres du Souverain.

Enfin, comme les demoiselles Milliot, tant par elles que